15' 80

Tú llegarás a mi ciudad vacía
Daniel López Acuña

Colección Baños del Carmen

Daniel López Acuña

Tú llegarás
a mi ciudad vacía

EDICIONES VITRUVIO
Colección Baños del Carmen,
nº 1047

www.edicionesvitruvio.com

Primera edición en México, 1979
Primera edición en España (revisada), 2025

© Ediciones Vitruvio
C/ Menorca, nº 44
28009
Teléfono: 91 573 21 86

ediciones vitruvio, nº 1. 739
ISBN: 979-13-990289-5-9

Tú llegarás a mi ciudad vacía

A Mariela

DESDE MI CIUDAD

NÁUFRAGOS

Tendidos en el césped
    a la sombra del sol,
pensándonos sobrevivientes
    de un naufragio
en la ciudad inmunda,
saciábamos el hambre
    comiendo con la mano
unos mangos maduros y carnales.

POSTALES

I

Desde la ventana del hospital
veo dos jacarandas recién florecidas.
Es el comienzo de la primavera
y yo paso visita el domingo, temprano.
Dentro del cuarto, una mujer amputada
                    drena pus.

II

Las noches transcurren frías y quejumbrosas
entre las camas y los pasillos.
Todo huele a curaciones y heridas.
Me duermo en la guardia con unos guantes puestos.
A puto de tomar el bisturí
y hacerme una incisión entre los nervios
escucho, inquieto, en la central de enfermeras,
una música lejana, triste, a todo volumen.

MEDIA NOCHE

Al volver de la mina de La Paz
los limpiadores de la camioneta
quitan la lluvia que se pega al parabrisas.
Al lado las biznagas y la arena
              comienzan a mojarse.
La cosecha, pienso por el camino,
nunca me ha revelado los enigmas
              del cambio y de los ciclos.
Hoy la espero empujando los arados,
con las manos blandidas cual guadañas.

Miro las líneas de la carretera
y aparece una luna naranja sobre el auto.
Vuelve a mis oídos tus palabras
de aquella madrugada en Coyoacán,
junto al jardín,
              al lado de los arcos,
con la luz de neón sobre los ojos.
Tengo miedo, te dije,
a quedar encerrado en una calle
entre semáforos y anuncios luminosos,
a la casa insensible
              del cristal cotidiano.

Entregaste tu cuerpo a tu garganta
y descubriste las fachadas grises
de viejos edificios solitarios.
Hiciste que sintiera mi silencio
unido a tus latidos musculares.
Entro de nuevo por las avenidas.
Oigo el sonido del motor en marcha.
A mitad de la noche
              llegaré a tu ciudad desconocida.

ANASTASIO DEL RÍO

Anastasio del Río,
poeta que habitó el siglo diecinueve,
cuyas obras enteras se perdieron,
a los ochenta y nueve años
mencionaba en su lecho estas palabras:
"esta noche de insomnio que es la vida..."
y se quedó dormido para siempre.

RETRATO

La ciudad es la misma y es distinta,
cobra sentido cuando tú apareces.
Como fantasma de una casa vieja
caminas por esquinas y por calles.
Nunca logro encontrarte cuando quiero.

Reconozco tus pasos y la forma
en que movías las manos,
el brillo imprevisible de tus ojos
para lograr romper con tus palabras.

Tengo que conformarme
con la quietud de acompasar el ritmo
de tu voz inconclusa:
la soledad acariciada por el fuego.

Siempre regresas convirtiendo al día
en una sucesión interminable
de ilusiones roídas:
la plenitud se vierte en el vacío.

RESACA

Hoy vuelvo a los lugares infantiles
y el lenguaje conjura lo perdido.
Quisiera parecerme a la marea,
volver como el oleaje al litoral.

EDÉN PERDIDO

Chapultepec, como la luz,
                              tiene su libertad esta mañana.
Por los jardines caminan los ancianos
con un olor a polilla y humedad.
Tienen la piel enjuta
                              y parecen sellados por arrugas.
La torpeza
                    de cada movimiento
es el idioma de la desesperación:
saberse inútil,
despedir un aroma que semeja al olvido.

Duermen con un puñal de hojas caídas
y cuentan que acarician cada noche
                              a un sensual escorpión
aunque sientan muy cerca su veneno.

Hoy han dejado los viejos el asilo,
                              van vestidos de gris;
abandonaron por unas horas sus murallas.
Ante su paso, miro mi desconcierto,
                              hablo con una amiga,
y me siento en el césped.

Me pregunto
si hay algún regocijo por perder el Edén,
por el lento abandono
                              del paraíso extinto
gastado, consumido por el paso del tiempo.

JORNADA DE HOY

Un caminar a solas por el día,
por calles empedradas,
frente a un gran muro azul,
cuando la madrugada ya no podía ofrecerle
una razón de ser a tu nueva jornada.
Así es como aparecen casi todos los días:
regresar a la nada después de un vasto sueño.
Yermo está el panorama del desierto
que ves en tu ciudad
desde los ventanales;
sorda tu voz perdida en la distancia;
tristes tus ojos aunque tú sonrías,
como un espejo inevitable de tu alma.

Vuelves a los lugares que habitaste,
a visitar antiguos escenarios,
a vestir el ropaje de los vientos
y a mirar tu pasado.
En el mercado hallaste un nuevo rostro
al monótono paso de los días.
Fueron, quizá, las vísceras pendiendo
de escaparates, rodeadas por las moscas.
                    O el niño que aprendía
su oficio y desollaba la cabeza
de un novillo de hermosa piel castaña.

Pudieron ser las manos que arrancaban
los huesos a las pechugas de los pollos;
aquel hombre muy viejo que vendía,
con plácida sonrisa,
los sencillos objetos que habían hecho sus manos;
o la fruta podrida que envolvía
la suciedad, la mierda y los gusanos.

Tus cadenas vitales,
la ancianidad precoz que tú buscaste,
              te aplastan y encarcelan
en la falsa condena
                 de este mundo que vives,
sin que puedas hallar los vendavales
que logren impulsar tu embarcación.

Te ves luego al futuro,
gritas, te desesperas
y lanzas al espacio tus deseos:
"cambio mi entero porvenir
por dos o tres momentos absolutos
de juegos infantiles
que no pude alcanzar cuando debía".

Y a la desconocida, la quizás improbable,
blanco de tus deseos y tu imagen
la convocas
a aproximar su cuerpo con tu cuerpo,
a confundir tu voz y su mirada.

PARQUE DE DIVERSIONES

El carrusel da vueltas.
La distancia
entre un corcel y otro
permanece inmutable.
Los rostros se repiten
y nunca se detienen.
Se aproximan en silencio,
penetra en los espacios,
el jinete invisible.

J' ATTENDRAI

De tanto esperar
a que el viento trajera tu recuerdo,
asomaron las canas en mi pelo
y no pude seguir leyendo,
por presbicia,
el libro en que algunas veces
te encontraba.

COMER LA TIERRA

La oquedad de su cuerpo
lanzaba líquidos viscosos y rojizos.
                Sus cavidades rotas
revelaron el apetito mineral.

Esa vieja mujer del fluido incesante
tiró al suelo las frutas y la carne:
                habló de su alimento.
Metió en los lodazales,
negros charcos hediondos donde flotan
las larvas de las moscas,
            su mano abierta.
Aprisionó la arcilla
           espesa,
                coloidal,
entre sus dedos.

Goteó sobre su lengua
una parda gelatina humedecida
            y se tragó el bocado,
proclamó su placer
de saborear la tierra entre los dientes.

LA PIEL Y EL ESCORPIÓN

Era igual que bailáramos cerca,
pegándonos la cara,
                    juntando nuestros pechos,
ciñendo la presencia de los cuerpos
                    a una proximidad casi invisible.
No importaba tampoco
                    respirar aquel aire sofocante
mezclado con el sonido de los discos,
                    ser fragmentos cautivos de la noche,
huéspedes del silencio,
                    sórdidos personajes sin destino
en la ciudad del hielo.

La soledad se desnudó,
                    la lluvia
restableció la claridad perdida.
                    Rocé entonces
la piel curtida de tus antebrazos,
congestiva,
casi como de fuego aprisionado.

De pronto todo fue como una tierra
                    rota por el calor,
como dos escorpiones enlazados
                    bajo las piedras secas
celebrando el amor en el desierto.
Sobrevino el relámpago rojo:
                    las nubes dieron paso
al surgimiento de la oscuridad.

ESTANCIAS Y PAISAJES

TERRITORIO DEL AVE

El ave volará.
           Bajo su vuelo
se abrirá un territorio
          vasto,
            semidesierto,
que luego las bandadas
           descubrirán vacío:
el oculto solarium
          del momento.

PRELUDIO

Una totalidad
   reverberante,
una minucia
   extraña,
una llovizna
de soledad
   cubre ambos mundos,
los junta, los enfrenta,
los revierte
y encuentra,
sin saberlo
y sin buscarlo,
la magnitud,
la esfera relativa,
con la que el alquimista
pretendía
transmutar los metales
y elementos.

LLUVIA DE OTOÑO

Es octubre.
        Llueve apaciblemente.
Sobre la roca brillan
        los cristales fluidos de la tarde.
En el combate mineral, inmóvil,
entre las piedras y la lluvia lenta
surge el verdor del musgo:
la accidentada solidez con vida
que se genera en la estación fugaz.

JARDÍN OCULTO

Han quemado mi casa.
                    Todo quedó desierto.
Me sentaré contigo
                    al lado del camino,
a esperar con paciencia que crezcan las semillas,
                    para que un fresno verde
de mi jardín oculto
busque la luz certera
                    de un día de verano.

GEOMETRÍA

La perfección,
la línea, la distancia,
la consecuencia lógica del tiempo,
la voluntad exacta,
la funesta
y torpe convicción
de medir cuanto encuentro.

CINCO BREVES SEÑALES

I

El misterio es el fuego
y tranquilos jugamos con el fuego.

II

¿Dónde encontrar el mundo que asemeje
la progresión del mundo que imagino?

III

Insectos incestuosos que habitaron
el caótico mundo de caoba
de un intenso bochorno tropical.

IV

¿Será posible la cohabitación eterna?
¿Resistirán con fuerza mis entrañas?

V

Cada época
es el vivo retrato de su música.

CLAROSCURO

Matizada por el ocaso
la tarde me deslumbra
           y aparece la noche
donde el tiempo
es un breve peñasco accidentado.

EN TREN POR EL DESIERTO

Donde estos matorrales
                dialogan con la arena
surge nuestro silencio,
y el viento embravecido del desierto nocturno
                  perturba su quietud.
Mientras tanto
la sequedad y el sol van fracturando
la superficie densa de la tierra y las rocas.

VOLUNTAD DEL SILENCIO

Vencer al mar y oír al mismo tiempo
                                    la erosión de la piedra,
la galerna nocturna e implacable
        que despedaza mis manos y mi frente.
Saber que se halla rota la esfera imprescindible de los cuatro
        costados,
el falso manantial de agua bermeja.

Y así
    palpar la muerte, el relámpago incestuoso
rojo como la sangre por brezales oscuros apenas derramada,
viento desenfrenado,
amplio rumor del mar que arrasa todo.

Sé por tu aliento que existe la palabra
        y se desliza sonora por el aire,
que existen los fragmentos de una voz casi muda,
hueca, desgañitada,
de un constante latido que se arrastra, que repta,
que existe una sustancia que surge de la tierra
como la intensa huella del silencio.

Quiero tocar tu piel.
                    Quiero sentir tus pasos en mi carne.

Quiero oír el sonido de la lluvia que dicta
partituras y sueños en su lenta caída.
Quiero patear el tiempo del pasado.

A lo lejos escucho los tambores
que presagian los golpes de mis huesos.

Se me seca la boca.

Masco las arenillas minuciosas

                    de mis dientes amargos y sin agua.
Sólo soy un erial.

Mi garganta es estéril,

          el habla la traiciona.

MITOLÓGICAS

MANUSCRITO HALLADO EN POMPEYA DENTRO DE UNA VASIJA DEDICADA A CERES

Hurté de noche
                    espigas en los campos.
De edad era mancebo.
Mandáronme matar
                    las Doce Tablas
sacrificándome a la diosa Ceres.

Era del fuego presa
cuando acudió la Fértil para hurtarme,
                    así como robara yo aquel trigo.

La fragancia probé yo de su cuerpo
y ella de mí,
                    según yo la iba amando,
tomaba la semilla.

De muslos relucientes,
de senos generosos,
de carne como son todos los dioses,
Ceres la hermosa,
                    mi infinita amante,
de los ladrones de semillas roba
el fértil rayo que otorga a los sembrados.

VENUS ILICITANA

Te conocí, quizá, en el treinta y siete,
en aquella ciudad mediterránea
en medio de la guerra.
Fue en Alicante.
Debe haber sido enero.
                    Caminabas
cerca del malecón,
                    entre los palmerales,
por los paseos policromados.
Daba una luz artificial el sol,
un calor invernal que la brisa apagaba.
Blanca la tierra
escuchaba el rumor de las palmeras
y la quietud del mar.
Como vela batiente
tu vestido floreado
se movía con el viento.
                    Apenas sonreías.

En la ciudad de Akra Leuké
te deseaba en silencio.
Te miraba,
                    salida de la piedra,
desde mis ventanales.
Quería ser el orfebre del bronce de tu piel.

Unos meses después,
miliciano sin nombre,
yo moriría en el Ebro
deseando ver Lucentum
recordando tus pasos
                    venus ilicitana.

Ha sido en México.

Te he visto nuevamente.

         ¿Serás tú?

¿Renací entre las aguas? ¿Soy el mismo?
¿Surgí de las salinas calcinadas,
entre las eras inundadas de sangre,
para seguir tu sombra
que me llamaba en sueños?

Me dijiste tu nombre
en un lugar distinto
muchos años después,
el mismo mes de enero.
Como viejos amigos
que vuelven a encontrarse,
la paloma que bebe

         agua del surtidor,
hablamos de unión libre,
del amor,
de nuestras vidas solitarias y precoces,
de rebelión, de nunca someterse,
de quimeras sociales, del futuro improbable.

Palabras,
arena movediza,
figuras que vivieron
a destiempo su historia,
combatientes vencidos,
huellas perdidas del deseo fracturado,
nos encontramos siempre
cercanos al momento en que agoniza

         nuestra proximidad.

Eres quizá un recuerdo

         y en tus labios
se proclama la insidia del silencio,

         de la ciudad fantasma.
Vendrán los nuevos días.

LOS MARINOS CRETENSES

Las naves apuntaron al poniente.
                        Los marinos cretenses
se dirigieron al puerto de Agadir,
                    al lugar de la danza.
Bajaron seducidos por los vientres
de jóvenes tartesias.

Junto al aire incendiado
por la aceitosa luz de las antorchas
                        deslizaban su cuerpo giratorio
las hermosas mujeres del verano nocturno.

Los torvos navegantes
bebieron vino rojo y se embriagaron,
comieron vorazmente hasta saciarse
                    y consumaron el enlace corporal.

Lanzan al fondo de los tiempos nuevos
el ancla de un espacio diferente
                    y la pasión, intacta y renacida,
aparece entre centellas irisadas.
Surge el placer.
                    Regresa la esperanza.
Nunca volver al puerto originario.

CANCIÓN DEL TAROT

A Rolando Lara

Apareció la estrella cubriendo al laberinto
de un floreciente manzanar dotado.
La física avaricia surge intrusa y ataca,
impide el necesario,
                          vital renacimiento.
Más allá de la torre
                          que la emoción habita
hay una tejedora con una gran paciencia;
cereales y maleza crecen en estos campos:
una esfera versátil dirigirá los rumbos.

Sobre montañas verdes un árbol se desnuda,
en sus ramas sedientas hay un hombre colgado,
comulga con el aire, sabrá mezclar el vino,
la evolución perpetua del ser en movimiento.
Han visto encadenado al animal salvaje,
dicen que entre sus garras vive la soledad.

La locura pasea, pisa tierras lodosas,
deposita en el aire sus líticos sonidos.
Resuenan otras voces y se escucha
                          cantar al urogallo.
La pasión tiene rostro, corona y cornucopia:
el Bafomcto, el tiempo
                          vivo de la lujuria,
en la novena esfera le arrancaré los cuernos,
sacaré de su frente el tetragramatón.

Al fin un ermitaño marcado por el uno,
número que presagia la rebelión futura,
el difícil acceso al paraíso insólito
del mundo, de la gente, del amor y los nombres.

MARINOS

Ya podemos hablar tranquilamente,
ya no nos turba encontrar un arrecife,
                    ya la tormenta es calma,
los vientos son estables,
                    la mar está resuelta
a ir con nosotros en la travesía.
No hay más desconocidas,
torvas corrientes que puedan arrastrarnos
y navegar se vuelve
seguir tan sólo el flujo de los días.
                    Hablar no tiene caso.
Cesó la lucha entre el mar y los vientos
junto a la embarcación en que viajamos.
Ya no tememos a los huracanes:
hemos dejado a un lado nuestro oficio.

RUDIMENTOS

VIAJE A OAXACA

Fundaron la ciudad donde la transparencia
    asienta en la montaña.
Caracoles labrados por la luz,
    grabados en la arcilla por el viento,
los que habitaron la arena residual
    de la mansa inquietud de un mar sin olas.
Entre las piedras formas como de fuego y aire
    las aladas serpientes se levantan,
son la luna menguante,
    son las astas de un toro enardecido.
Persiste la extensión, el monte es sangre.
    Mientras tanto las rocas agonizan.
Por las tumbas oscuras viajamos subterráneos
    al lado de las urnas pletóricas de huesos.
La máscara se erige impenetrable sobre el dintel.
Vayamos descendiendo.
En la humedad podremos descubrir
          la realidad acuática del cuerpo.
Antes de que la lluvia comience a perturbar la sequedad
tú llegarás a mi ciudad vacía,
antes de que mis ojos se adhieran a la sombra
como el firme vacío de una ventosa
surgirás de entre el láudano y el polvo
    de una oscura mañana hurtada al tiempo.
Tu vivirás en la región que huye
    del pertinaz asedio de mis trazos
y asido a la corteza de un árbol cuya densa savia invade
    la herrumbre de mi piel
terminaré por ser el azaroso
    golpe cercenador y decisivo
del hacha de metal.
El cuarto del hotel en que vivimos
    es algo más que muros y que espejos,

somos tú y yo concretos, corporales.
Ahondamos en la carne palmo a palmo
hasta saber que de ella estamos hechos.
Yo no habito en mi cuerpo, soy mi cuerpo
y he encontrado el sentido de nuestra semejanza:
sólo en la desnudez del cuerpo y la palabra,
sólo en la rebelión, nos conocemos.

LOS ENTERRADORES NOCTURNOS

Paleaban la tierra
                    por las noches.
Daban a la textura de la voz
                    una cadencia casi irrevocable.
Hundían sus instrumentos en el suelo
                    dejando al habla, torpe y movediza
bajo un oscuro manto sepultada.
Sólo la claridad y el estallido
                    pudieron sacudir su voluntad
y formar parte de sus pertenencias.

En los tiempos ardientes,
                    tropicales madréporas de los océanos rojos,
junto al aire agitado restallaron.

Las palabras resuenan y se agolpan
                    revelando sentidos inauditos,
su ritmo despedaza
                    nuestros tímpanos sordos y lodosos.
Es éste nuestro canto,
                    éstas las vibraciones
que al espacio se elevan,
                    ésta la conmoción de la tormenta
surgida de la luz y de la forma
en medio de la esfera del silencio.

CRIPTA DE LA LUZ Y FUEGO

Viste la noche niebla,
                    se ilumina
el aire en la mirada.
Dos olivos
                    brillan en tus cavernas:
triangulares
                    descensos de los ríos,
                    agua en estalactitas,
roca,
                    prismas,
metal,
cripta de fuego.

VENTICUATRO HORAS DE LA VIDA DE UNA MUJER

I

Algún mes del otoño, como tú, solitario,
bajo el alba tardía cada vez más callada,
imagino, encerrado,
cómo cambia tu rostro de expresión,
                    o la forma borrosa en que cada sonrisa
es una falsa celda del sentido.

II

Llegas, intempestiva,
por los caminos exteriores y rojos
de una tarde inconclusa
y en el ofrecimiento vago de tus formas
asoma tu extinción.

III

Como la noche guinda,
en silencio menciono las palabras secretas,
                        las palabas prohibidas
que tu repetirás años después,
pero tu cara moribunda se ha estrellado
contra las luces fulgurantes de la gran avenida.

HIEREME INDIFERENCIA

Hiereme indiferencia
                    que esta casa
ha visto ya caídas sus paredes.
                    El holocausto son voces en sordina
hasta que despedazan la cabeza.
En un atrio gentil levanta el vuelo
                    un cuervo oscuro de graznidos densos.
Al diablo con la historia acostumbrada
                    de que sufrir ayuda al pensamiento.

Por esta piel llena de pústulas y ampollas,
                    monda reconocida de la mancha del mundo,
cáscara limitante que adivino y sé propia,
                    caminan las hormigas lentas y corrosivas
para labrar el surco del dolor en silencio.

Como la asfixia plena
                    de un hombre que agoniza,
como la previsible condición de cadáver,
                    por sábanas cubierto surjo cada mañana,
le pertenezco al aire como mis pies al suelo.

Hiéreme indiferencia
                    sé que soy el vacío.
De la oquedad me nutro,
                    del llanto de las sombras.
Me esconderé en el campo
                    para ver los arroyos
para sentir la yerba,
                    para habitar el fuego.

CRÓNICA

Nos miramos como si fuéramos yesca,
                    o cierta yerba húmeda, no sé.
Se empezaba a sentir
                    una marcha apresurada de nuestros cuerpos,
hasta que tu mirada
                    precipitó mi timidez.
Únicamente hablamos:
                    dimos maromas e hicimos piruetas.

Quise entonces,
                    solamente por miedo,
ser como un arlequín nunca tocado por las llamas.

Tú, tampoco sé por qué,
                    parecías una lluvia inesperada
                    y mojabas la tierra
para que el alba del amor nunca llegara.

ANDANTE

De este huele de noche,
          del olor que se pega a los sillones,
de mi nariz que se adhirió a la mesa
          queriendo oler sudores en tu vientre
y sumirse en tu pubis pegajoso
          sólo queda basura en las alfombras
y dos masturbaciones separadas.

DEMOLICIÓN

La soga que en los hombros se nos
hunde tiene más resistencia que nosotros
B. Brecht

La yedra invade el ventanal de piedra
en que se ocultan nuestras sombras:
queda el polvo de estatuas derruidas
que se confunde con el viento,
el cascajo de edificios vencidos
por roedores de arena, por la lluvia
hoy y siempre invisible.

La bugambilia de nuestra memoria
ha perdido sus flores y sus hojas.
Le tememos al ocre de los días
y al amargo escarabajo salitroso.

Nuestros cuerpos resurgen
en el oscuro lodo del pantano,
a mitad del estruendo,
en la ciudad vertida en el bullicio
donde queda, entre ramas,
la densidad ruidosa de la luna y la noche
encendida en las calles.

PENTIMENTO

Debí de haberte hablado en la mañana.
Esa mañana roja de una muerte
que apenas se suspende.
Decir sin conocerte, como Billie,
"lover, como back to me",
para que así surgiera desde entonces
aquel eterno crepitar del banjo
apenas afinado.

DÍA DE MUERTOS

Para Alejandro, Ricardo, Sean y Shirley

...será el blanco panteón tu cautiverio
César Vallejo

I

Luz en el cementerio,
veladoras,
la cera lentamente derretida.
Día de Muertos.
              Noviembre.
Flores y gente por los corredores
de una ciudad de lápidas y ofrendas.
Papantla,
          la agonía de la tarde,
las campanas,
la noche en su comienzo
y un banquete terrenal en el panteón.

Junto a una tumba cavada hace unas horas
una trompeta, un tambor,
un saxofón,
un pequeño violín desafinado,
una orquesta de pueblo,
dos danzones
              y el vals "Dios nunca muere",
como último recuerdo musical.

II

Avanzada la noche
vi los cuernos de un diablo de cartón
entre los ataúdes.
Vi un cráneo recubierto de obsidiana,
de conchas y turquesas.
Vi por la transparencia
de un féretro cubierto de cristal
el sufrimiento,
              las muecas de dolor.
Soñé a la muerte altiva
              como fiera insomne,
como el retrato de un tiempo ignominioso.

III

Miras hacia la muerte, Martín,
con tus diez años.
Miras y sin embargo
tus ojos me sonríen,
las costillas se marcan en tu pecho,
tus huesos han herido tus pulmones.
Llegas al hospital con pelo corto,
orejón, dedos largos, pocas voces.
Morirás sin remedio
              con tu cáncer a cuestas,
ya ni comer es bueno,
              delgado, consumido.
Dime, Martín, cómo se ve la muerte,
no la conozco,
              dicen que no existe.

IV

En la noche me asustan los aullidos
de los lobos salvajes.
                    Mientras la gente duerme
rondan los animales sigilosos
el pabellón de enfermos pulmonares.
Mi jardín en las tardes es oscuro,
a goterones llueve en mi cabeza.
La muerte nunca sueña,
                            paraliza
toda imaginación que se desborda
de un cuerpo inerte que se va pudriendo:
cuando todas las lunas arden entre la hoguera
hablamos del espacio donde habita el silencio.

V

Es el atardecer.
                    Janitzio.
El lago en calma.
Van a enterrar a Jaime,
                    un niño de seis años.
Dos de febrero.
                    El ataúd es blanco
como un amanecer con movimiento.
Van hacia el cementerio en la montaña.
Marcha el cortejo,
                    asciende las laderas
de la isla oscurecida,
                    misteriosa,

mínima,
                    como el último aliento,
mientras grita borracha
                    la madre del difunto.
Lirios en el sepelio,
                    plañideras,
canciones infantiles en Tarasco,
                    barcas, redes,
al lado de la rota primavera.

Es noche entre los pórticos
                              de hielo.
Bajo la piel existe
                    un sólido esqueleto.

VI

Cuerpos vivos,
                    calor,
hambre de tiempo,
alimentos terrestres,
                    seres de agua,
sujetos del placer
bajo una lluvia siempre tempestuosa.
Carne que reconoce en el sonido
                    diáfano del metal
la voluntad melódica del viento.

Hasta caer
          hagamos el amor.
Desfallezcamos.
               Conjuremos así la prontitud
con que en silencio desciende la extinción
amenazando este fermento vivo.
Agitemos al aire las espigas.

Recojamos la fruta
                cuando madure el día.

Hay olor a naranjos en el huerto,
hay una jacaranda florecida,
hay una fuente entre las flores rojas
y un colorín invade los espacios.

DIARIA VERTIENTE

MONTAÑA DE RAIGAMBRE DESCUBIERTA

A Mariela

Hoy, arco y tiempo del alba irrepetible,
vi surgir las estrellas
con la fuerza y la fiebre de un límite a las sombras
                que quedaron vencidas:
las guías de los marinos que conducen mi cuerpo
por la vertiente diaria del alimento entero.

Ayer cuando tu nombre no se había revelado
era yo un pergamino sin letras ni inscripciones.
                Hoy hablo de nosotros:
no de ti como viento pasajero
que llega a las terrazas sólo a ratos,
                ni de mí en callejones de neón
y pasos repetidos.
Sé que hay nuevos lugares,
                antes abandonados,
y palabras, palabras diferentes,
que pueden ser mi nueva casa diaria.
No he podido dormir. Mi cuarto oscuro,
lleno de muros blancos,
es el nuevo relieve de las hojas,
fronda de un árbol alto en la montaña
                que encuentra su raigambre
entre la luz que filtra mi ventana.
Atrás quedó la fundición,
                estéril como fragua inconclusa:
las minucias de hierro cayeron en tus brazos.

Escondido en la mena,
                el mineral es un cristal de roca,
un hondo tiro en llamas del que surge

como entre las azaleas,
un tauro de los mares agitados,
               tromba siempre segura.
Somos como naranjos rodeados de arquerías
            y, como flores,
tenemos un olor y un desenlace.
Puedo decir tu nombre sin que nada se caiga,
donde toda escalera se apuntale en cimientos.
Dar a cada vocal de tu palabra
           la amplitud de un abrazo.

Subes por los andamios para pulir las tallas
           de madera de cedro.
Voy contigo, sereno,
           al laberinto oculto de flautas y sonidos,
en medio de las pieles estiradas.
La Catedral es un espacio ausente;
           el órgano quemado
una fértil prisión donde descubro
           la canción de tus labios.
Otra vez las estrellas
           hechas de nueve picos
son como nuestro espejo.
Yo un escorpión que asoma por pequeñas ventanas;
tú la concha marina plena de agua y arena.

En la ciudad te palpo
           y eres la superficie de la noche;
por la tarde del ocre, del muelle y de los barcos
te separas un tiempo.
           Has de volver mañana
para mostrar tus ojos y hundirlos en mi cara:
un poder desbordado de encontrar claroscuros
           y descifrar los signos,
de convertir en árboles, firmes y naturales,
los gestos y las manos.

Hay el tacto inmediato
                    que nos enlaza con hábiles amarras,
un calor generado por la piel,
                    tan sólo por la piel
que se curtió en los lagos.
Hay memoria y olvido
que en esta soledad son como un puente
                    firme, colgante y nunca levadizo
entre el amor, tu rostro y mi poema.

CAJA DEL SOL

Hay dos líneas delgadas
sobre una caja negra que reluce.
        Son como caracoles
de los que surgen manos extendidas,
dos rostros y un espejo
        con azogue ondulante,
marca complementaria.
El sol de un quinto tiempo
volvió a nacer en la inscripción dorada:
único y doble, cuerpos entrelazados:
aire de la renovación
        y el movimiento.

¿TE ACUERDAS DE LA VIEJA MUJER DEL CARACOL?

El fin de año, en Campeche,
junto a tu duermevela,
caminaba en la playa una mujer
              descubriendo cangrejos
sin comprender del todo.
              Decidida buscaba entre la arena
conchas de caracol.

              Sobre tu piel quedaron
los pequeños cristales,
la sal evaporada por el sol de la ausencia.
Como su mar apenas descubierto,
              tu empezase a mirar
bajo los carapachos.

El aire se detuvo en los pulmones
              lentos de aquella anciana.
Encontró la espiral donde se escuchan
las olas como cauce de un viento perseguido.
              Te enseñó sus hallazgos
y en el faro del día
              que entonces se agitaba
escuchaste el rumor de tus barcas en marcha.

INSTANTÁNEA

Entraste en los manglares
                            para tomar las fotos.
El agua te cubría hasta las rodillas.
Yo buscaba
ver el sol dibujado entre las ramas
                            hasta que ardieran mis córneas.
Los cangrejos pinzaban a sus presas,
mientras que nuestra vida aparecía
como un cuaderno a medio escribir.

EL MUNDO DE CRISTINA

(con el perdón de Andrew Wyeth)

Acaso te pareces a Cristina,
        a su valiente palidez,
a su vestido rosa diluido.
Eres como la granjera de Maine:
un vapor muy delgado cuyas formas huidizas
han resuelto dejar la silla del inválido.
Tu cesta se ha llenado
con la sangre violeta de las bayas silvestres
mientras un viento gris apenas mueve
        tu pelo recogido.
Te quedaste, como ella,
varada entre los pastos dorados del otoño,
sola como las frutas espontáneas
        que crecen a mitad de la pradera,
lejos, muy lejos de la antigua casa
        arriba en la colina,
la de vieja madera carcomida.

Tu cuerpo es como un limo ocasional
        entre los campos compartidos,
en esos surcos vulnerables que demarca
        el azar cotidiano.
Alguien a quien evades te dibuja
        con carbón sobre un lienzo.
Es como la pausada oscilación
        del péndulo de un tiempo descontinuo
en la que se conserva
la esfera inevitable de los espacios negros,
        la de aquellos veranos
en tu breve collar de caracoles.

EL MUELLE Y LOS SARGAZOS

I

Todo puede comenzar una tarde
en la misma ventana,
frente al antiguo jardín donde el fresno
sepulto su arrogancia.
Es un regreso al viejo territorio,
al cuarto en que dormía,
a las huidizas fotos y carteles
                    en la pared,
al borde a mi cama.

            Hoy la higuera, brillante,
húmeda por la lluvia,
tiene un olor henchido de silencio,
como habita en mi origen,
                diluida y escrita,
una marea ruidosa.
Aquel baño de noche,
los libreros repletos
de tardes ocupadas y yo,
                dolorosamente tranquilo,
como los días azules en agosto.

De lo que fui,
                ¿cuántas cosas han muerto?
Quizá de todo aquello sólo queda
un terror lubricado,
una vaga memoria
                del cuerpo solitario
al despertar mojado por la fiebre,
ávido de los besos genitales
surgidos en los sueños,
                antes de la experiencia.

Hoy él, o yo,
          no importa qué sujeto,
trabaja, come, hace el amor, empieza
a poder descifrar sus fundamentos.

II

La cándida y segura
          maquinaria mineral de la razón
tuvo a veces un aire de desastre.
Ahora sé
          que en el primer contacto
con las cosas,
          la sensación pulsátil,
o la imaginación fingida acaso,
me han permitido hablar
hasta forzar mis mitos cotidianos
y hacerlos conversar con mi desorden.

El lenguaje fue, a veces,
una pasión jamás reconciliada
          con su intención primaria,
un cierto cautiverio. Los sonidos
fueron cuchillos múltiples que hundieron
          sus filos desgastados
en los nervios, las venas, las arterias,
desgarrando las vainas de semillas.

III

Como una caminata por la calle,
sin luz, llena de baches;
como una sucesión tiranizante
                         de retumbos e imágenes;
como afectos casuales
                    y a veces quebradizos,
la noche en esta mesa de trabajo
es una lluvia que golpea incesante,
un cuarto que retiene los ecos, o
una lámpara negra que ilumina
los papeles que dicen
                        lo que no puede verse.
Porque en aquel espacio
muerto y resucitado de los sueños
se agitaba entre formas disipadas
una voz temblorosa,
                       inundada de miedo.
Pero la tarde puede ser también,
una calle pequeña, empedrada,
con lluvia, o esta textura inútil;
un caracol, un ducto segmentado,
o una espiral en contra del desgaste.

IV

En la playa del musgo,
cerca de Half Moon Bay,
junto al crispado mar de aquel invierno,
recorrimos las rocas y el oleaje.

Ásperas, puntiagudas y purpúreas
mis manos parecían
dos erizos ocultos en las piedras.
Hermosas y hábilmente movedizas
las estrellas de mar se retorcían
cada vez que bajaba la marea,
como la carne helada
que me cegaba entonces.
Fuimos luego a la casa de madera,
escuchamos una música vieja
y comimos cordero por la noche.
Recordé una tonada de mi infancia:
"marinerito, arría la vela
que está la noche tranquila y serena".

V

Volaban las gaviotas
sobre una barca vieja
anclada en la bahía de San Francisco.
En los muelles flotaban los sargazos;
se adherían a los botes
llenos de sal y arena
y en esa oscuridad imperceptible
se envolvía mi presencia.

A espaldas de la noche
sopló un viento furtivo
que en su heladez lograba reencontrar
los ríos de mi memoria.

Viento del mar,
acaso un viento frío

que hace temblar de espanto
                    las velas de los barcos.

Regresé, caminando, al pensamiento
que ardía como los leños en la hoguera.
Volví a mi casa como la marea,
me acerqué hasta mis huellas digitales.
Pude verme en la mesa de mi cuarto,
                    en el día y en la noche,
comer siempre los mismos alimentos.

A lo lejos
                    escuché los sonidos
de burdos esquilones, de la yunta
uncida por los huesos.
Pero ese carromato primitivo
                    del cuerpo y sus vacíos
tomó un nuevo camino,
donde los cerdos comen las bellotas
y el futuro es el aire y la hojarasca.

VI

Mi cuerpo se edifica con el zumo
fermentado y gaseoso de la fruta
macerada por prensan de madera.
Con el agua cobriza de manzanas
y la carne amarilla de los mangos
                    crecidos en la costa.
Del tiro de una mina de carbón
surjo como el grisú para encenderme
                    en medio de cocales y naranjos.

Mi madre ve sentada en la escalera

cómo golpea mi padre decidido
 las piedras centelleantes con un mazo.
Cuando hablamos de las frutas extrañas,
al pasar las veredas,
en las colinas del musgo humedecido,
alcanzo a ver el lago verdiazul.

VII

Un domingo perdido de febrero
viajamos contra el viento
                    para pisar la costa.
Fuimos hasta la playa
                    y pudimos tocar al cachalote.
Vimos que los arpones destruían
su agilidad monstruosa,
desgajaban su alada corpulencia.
En la mañana muerta
                    sentimos su agonía
como un sepelio de la primavera.

VIII

Los brazos verdes de las altas palmas
agitan su quietud sobre las rocas
                    tapizadas de lapas y guijarros.
La lengua lanceolada
                    es hoja quebradiza
de un fresno que se eleva en el otoño
sobre la gran ciudad.
Tienden las cordilleras sus raíces
en los fangos del tiempo erosionado
y el vendedor de baratijas grita
aunque no escuchen los picapedreros.

IX

Aprendimos el oficio de curar
                    y creímos con ello trascendidas
nuestras múltiples culpas.
Aún sueño con los helados pasillos
de un hospital donde la gente grita,
con corredores por donde se mueven
                    enfermos mutilados.
Le llamamos entonces
                    la hora de los lobos:
los tiempos de madrugada y confusión,
del miedo que tuvimos.

X

Regreso a esta ciudad
después de haber librado
                dos batallas menores,
dos fosos repetidos
de mi propia conciencia.
Frente a mí, fantasmal, por el camino,
el volcán y su nieve;
un prematuro y cargado anochecer,
un cierto desenlace temprano de la luz.

¿Qué peligro ha supuesto
                una tabla de códigos sabidos?
¿Dónde arriesgo algún día?

Todo terror busca su cauce abierto
como la más reciente arboladura
                y edificada a diario por el aire
hay una oscuridad donde las huellas
son una nueva forma del silencio.

XI

Las flores del cerezo solitario
brotan como presagios de esperanza;
                vencen la sequedad
y surgen de un jardín descolorido
donde ha dejado de brotar el agua;
son el último aliento que se opone,
                a través del olor,
a la plaga de insectos ponzoñosos.

XII

Vertiginosa avanza la estación
                    de mi tenaz
e irreductible desconcierto, hecha
                    de aroma de gardenias agitadas al sol,
ampliadas en su cauce por hojas de tabaco.

Recuerdo del verano las mañanas lluviosas,
el bochorno de un viento cargado de presencias,
ciertos símbolos densos, horadados y quietos.
De ahí han de proceder esos sahumerios blancos,
ese olor misterioso de alhucema y romero.
A todo ese pasado me conduce el olfato,
la presencia certera del cántaro herrumbroso.
                    ¿Desde dónde lo veo?
¿No es sólo un hervidero de recuerdos maltrechos
                    para escapar del cerco,
de esa trampa continua que a diario yo me tiendo?

Donde empieza este otoño
hay también un espacio mineral de nostalgias,
una confianza inútil
y el lamento discreto del ave decidida
a nunca postergar la huida de su hartazgo,
                    su febril desbandada.

ÍNDICE

Ediciones Vitruvio

Colección Baños del Carmen

Últimos libros publicados:

Mil años de poesía (1000-2000),
número mil de la colección Baños
del Carmen

Autobús nocturno, de Luis
Machuca Moreno

Donde nadie dirige la mirada, de
Fernando Fiestas

Siempre promete amanecer, de
Ignacio Eufemio Caballero

Recuento de ilusiones, de Norberto
Garcés

Y la que escucha no es ella, de
Silvia López Ripoll

La levedad, de Cristina Liso

La niña que ha sembrado la tierra
del poema, de Josela Maturana

Despacio y tiempo, de Angie
Expósito

El agua en la mano, de Félix Recio

Parábola entre parabólicas, de
Pablo Villa

Centinela del viento, de Daniel
López Acuña

Guiñol, de Pedro López Lara

Historias encontradas, de Domingo
Luis Hernández

El gozo cumplido, de María José
García Mesa

Postales del norte, de Juan Gil
Bengoa

Obra poética incompleta, de Yong-
Tae Min

La ley del soneto, de Modesto
González Lucas

Franqueo en destino, de José Félix
Olalla

Otro tipo de abreviatura, de
Isabela Basombrio Hoban

Cuando llegues, de Carlos Cortés

Palabras, pájaros y cobijo, de
Victoria Muñoz Arenas

Éramos esto, de Pilar Úcar
Ventura

Después de la belleza, de Rafael
Talavera

Nuevas prosas, de Manuel Lacarta